Naam:

www.ingramcontent.com/pod-product-compliance
Lightning Source LLC
Chambersburg PA
CBHW071217220526
45468CB00002B/640
9781795220903